Stefan Ubbenhorst

Umsetzung des Geschäftsprozessmanagement-Kreislaufs d

Stefan Ubbenhorst

Umsetzung des Geschäftsprozessmanagement-Kreislaufs durch ARIS

GRIN Verlag

Bibliografische Information der Deutschen Nationalbibliothek: Die Deutsche Bibliothek
verzeichnet diese Publikation in der Deutschen Nationalbibliografie; detaillierte bibliografische Daten sind im Internet über http://dnb.d-nb.de/ abrufbar.

1. Auflage 2010
Copyright © 2010 GRIN Verlag
http://www.grin.com/
Druck und Bindung: Books on Demand GmbH, Norderstedt Germany
ISBN 978-3-640-74809-9

**Projektarbeit für den Verbundstudiengang
Wirtschaftsinformatik**

**Umsetzung des Geschäftsprozessmanagement-
Kreislaufs durch ARIS**

Stefan Ubbenhorst

Inhalt

Abbildungsverzeichnis

Abkürzungsverzeichnis

1 Einleitung   1

2 Begriffsdefinition   2

3 Geschäftsprozessmanagement-Kreislauf   4

    3.1 Strategisches Geschäftsprozessmanagements   5

    3.2 Prozessentwurf   8

    3.3 Prozessimplementierung   12

    3.4 Prozesscontrolling   15

4 ARIS-Konzept   19

    4.1 ARIS-Haus   19

    4.2 ARIS-Platform   24

5 ARIS im Geschäftsprozessmanagement-Kreislauf   29

6 Zusammenfassung   31

Literaturverzeichnis   32

Abbildungsverzeichnis

Abbildung 1: Der Geschäftsprozessmanagement-Kreislauf   4

Abbildung 2: ARIS-Haus   19

Abbildung 3: ARIS Organisationssicht (Notation)   21

Abkürzungsverzeichnis

ARIS	Architektur integrierter Informationssysteme
BI	Business Intelligence
BPEL	Business Process Execution Language
BPO	Business Process Outsourcing
BPR	Business Process Reengineering
BSC	Balanced Scorecard
CRM	Customer Relationship Management
DV	Datenverarbeitung
eERM	erweitertes Entity-Relationship-Modell
EPK	Ereignisgesteuerte Prozessketten
ERP	Enterprise Resource Planning
GPM	Geschäftsprozessmanagement
IT	Information Technology
LMI	Leistungsmengeninduziert
LMN	Leistungsmengenneutral
PPM	Process Performance Management
SCM	Supply Chain Management
SLA	Service Level Agreements
SOA	Service orientierte Architekturen
TCT	Total Cycle Time
WfMS	Workflow-Management-Systeme

1 Einleitung

In der heutigen Zeit müssen sich Unternehmen den ständigen Veränderungen der Märkte sowie steigenden Anforderungen der Kunden stellen. Die Produktlebenszyklen verkürzen sich und die internationale Konkurrenz erhöht den Kostendruck. Dies setzt eine hohe Flexibilität, schnelle Anpassungsfähigkeit sowie eine möglichst effektive und effiziente Gestaltung der betrieblichen Abläufe voraus.

Allerdings wissen viele Unternehmen nicht, wie sie ihre betrieblichen Abläufe strategisch planen, strukturieren und optimieren können. Zudem erfolgt die Organisation der Verwaltung häufig funktionsorientiert, da einer Orientierung an die Prozesse auf Grund schlechter Erfahrungen aus der Vergangenheit sowie der Angst vor Veränderung kritisch gegenüber gestanden wird.

Das Ziel dieser Projektarbeit ist es, eine Einführung in das Thema Geschäftsprozessmanagement zu geben. Hierzu werden in Kapitel 2 zunächst grundlegende Begriffe erläutert. In Kapitel 3 wird der Geschäftsprozessmanagement-Kreislauf vorgestellt, der eine iterative Vorgehensweise für die Punkte Strategisches Prozessmamagent, Prozessentwurf, Prozessimplementierung und Prozesscontrolling beinhaltet. Darauf folgt in Kapitel 4 die Vorstellung des ARIS-Konzeptes, mit dessen Hilfe durch die Modellierung unterschiedlicher Ebenen und Sichten die Komplexität der betrieblichen Prozesse abgebildet werden kann. Die ARIS Platform bietet Werkzeuge für alle Bereiche des Geschäftsprozessmanagements an. Anschließend wird in Kapitel 5 die Umsetzung des Geschäftsprozessmanagement-Kreislaufes durch ARIS erläutert.

2 Begriffsdefinition

Die Begriffe „Prozess" bzw. „Geschäftsprozess" werden in der Literatur und in der Praxis, je nach Fachgebiet und Blickwinkel, unterschiedlich oder teilweise auch synonym benutzt. Um Missverständnisse zu vermeiden, werden diese in der folgenden Projektarbeit wie folgt abgegrenzt.

Unter einem Prozess versteht man im Zusammenhang des Geschäfts-prozessmanagement eine „Reihe von Aktivitäten [..], die aus einem definierten Input ein definiertes Ergebnis (Output) erzeugen"[1]. Als Input werden die klassischen Produktionsfaktoren Arbeit, Betriebsmittel, Werkstoffe oder Informationen benötigt. Diese werden von Lieferanten (intern oder extern) bereit gestellt. Als Output entstehen Produkte oder Dienstleistungen, die für den Kunden bestimmt sind.[2]

„Ein Geschäftsprozess besteht aus der funktions- und organisationsüber-schreitenden Verknüpfung wertschöpfender Aktivitäten, die von Kunden erwartete Leistungen erzeugen und die aus der Geschäftsstrategie abgeleiteten Prozessziele umsetzen."[3]
Ein Geschäftsprozess wird insofern von einem Prozess abgegrenzt, dass am Anfang die Forderung eines Kunden und am Ende die gewünschte Leistung für einen Kunden steht, anstatt lediglich eine Input-Output-Beziehung zu beschreiben. Er enthält immer eine zeit-logische Abfolge von Aktivitäten, der eine betriebliche Leistung auf Basis der Kundenanforderung erfüllt.[4]

Unter Management versteht man alle Aufgaben, die zur Steuerung eines Unternehmens notwendig sind. Die Hauptfunktionen beinhalten Planung und Kontrolle, Koordinierung sowie Führung.[5] Im Kontext des Geschäftsprozessmanagements versteht man darunter die Planung, Modellierung, Implementierung und Kontrolle der Geschäftsprozesse eines Unternehmens.

---

1 Schmelzer et al. (2008), S. 63.
2 Vgl. Schmelzer et al. (2008), S. 63.
3 Schmelzer et al. (2008), S. 64.
4 Schmelzer et al. (2008), S. 64 f.
5 Vgl. Schierenbeck (2003), S. 96.

Der Begriff des Geschäftsprozessmanagement wird in Theorie und Praxis je nach Blickwinkel sehr unterschiedlich definiert. Er wird in verschiedenen Bereichen wie z.b. IT, Qualitätsmanagement, Kostenrechnung, Organisation, Supply Chain Management (SCM), Customer Relationship Management (CRM) verwendet, ohne dass sich hier eine einheitliche Terminologie durchsetzen konnte.[6] In der vorliegenden Projektarbeit wird unter Geschäftsprozessmanagement die strategische Planung, Definition/Modellierung, Implementierung sowie Kontrolle möglichst effektiver und effizienter Geschäftsprozesse verstanden. Die Organisation des Unternehmens wird hierbei nicht mehr funktionsorientiert aufgebaut, sondern orientiert sich an den Geschäftsprozessen.

Die Begriffe Geschäftsprozess sowie Prozess werden folgend synonym verwendet.

---

6   Vgl. Schmelzer et al. (2008), S. 67.

3 Der Geschäftsprozessmanagement-Kreislauf

Es gibt viele unterschiedliche Methoden, das Thema Geschäftsprozessmanagement zu strukturieren. Diese reichen von der reinen Organisation der betrieblichen Abläufe bis hin zur informationstechnischen Unterstützung und Implementierung von z.b. Workflow-Management-Systemen. In der vorliegenden Projektarbeit erfolgt die Strukturierung nach den Kreislauf des Geschäftsprozessmanagement, welcher in Abbildung 1 dargestellt ist. GPM wird hier als eine iterative Folge von Strategischen Prozessmanagement (siehe Abschnitt 3.1), Prozessmodellierung (siehe Abschnitt 3.2), Prozessimplementierung (siehe Abschnitt 3.3) bis zu Prozesscontrolling (siehe Abschnitt 3.4) verstanden. Der Kreislauf verdeutlicht, dass GPM keine einmalige Aufgabe ist, sondern dass die geplanten und eingeführten Prozesse regelmäßig zu überwachen und ggf. neu zu planen bzw. zu optimieren sind. Diese vier Phasen werden nachfolgend genauer erläutert.[7]

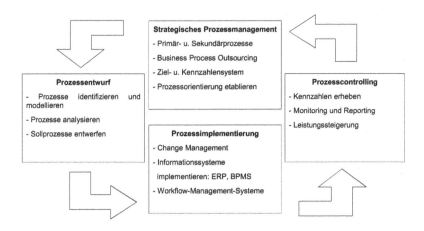

Abbildung 1: Der Geschäftsprozessmanagement-Kreislauf[8]

---

7   Vgl. Allweyer (2005), S. 89 ff..
8   In Anlehnung an: Allweyer (2005), S. 91.

3.1 Strategisches Prozessmanagement

Das strategische Prozessmanagement befasst sich mit der langfristigen Planung und Ausrichtung des Geschäftsprozessmanagements. Basis für das strategische Prozessmanagement bildet hier die Unternehmensstrategie. Aus ihr werden Ziele für die Strategie des Prozessmanagements abgeleitet. Zu den Hauptaufgaben gehören die Festlegung der Primär- und Sekundärprozesse, Entscheidungen über Outsourcing, Entwicklung eines Zielsystems und der Aufbau eines Kennzahlen-Systems. Zudem ist es Aufgabe der Unternehmensführung, den Prozessgedanken im Unternehmen zu verankern und eine Prozesskultur zu entwickeln.

Auf strategischer Ebene erfolgt eine Unterteilung der Geschäftsprozesse in Primär- und Sekundärprozesse (oder auch Unterstützungsprozesse). Primärprozesse bilden hierbei die Basis der betrieblichen Leistungserstellung. Sie beginnen beim Kunden und enden beim Kunden. In ihnen sind die Kernkompetenzen eines Unternehmens enthalten. Sie sorgen dafür, dass sich Unternehmen durch die Schaffung von Wettbewerbsvorteilen von ihren Mitbewerbern absetzen können. Somit ist Ihnen eine hohe strategische Bedeutung zuzuordnen, sie also sollten sehr sorgfältig geplant und gesteuert werden. Beispiele sind die Auftragsabwicklung oder der Vertrieb. Sekundärprozesse hingegen tragen nicht unmittelbar zur Steigerung des Kundennutzens bei. Hierbei handelt es sich um Unterstützungsprozesse, die notwendig sind, damit die Kernprozesse durchgeführt werden können. Zu ihnen zählen z.b. die Strategieplanung, die Personalwirtschaft oder das Controlling.[9]

Unter Business Process Outsourcing (BPO) versteht man die komplette Auslagerung einzelner Geschäftsprozesse an externe Dienstleister. Durch die Auslagerung einzelner Sekundärprozesse kann sich ein Unternehmen auf seine Kernkompetenzen und somit auf seine Primärprozesse konzentrieren. Der Hauptgrund für die Auslagerung einzelner Prozesse ist die Einsparung von Kosten. Durch die Spezialisierung eines Dienstleisters auf die Verrichtung bestimmter Prozesse und folglich den Aufbau der entsprechenden Infrastruktur

---

9   Vgl. Schmelzer et al. (2008), S. 77 ff..

kann dieser die geforderten Leistungen oftmals erheblich kostengünstiger erstellen, als es für das Unternehmen möglich wäre. Dies muss allerdings vom Unternehmen durch eine Prozesskostenrechnung vorab geprüft werden. Weitere Gründe für die Auslagerung sind die höhere Qualität sowie das Know-How des spezialisierten Dienstleisters, Konzentration auf die Kernkompetenzen, eine geringere Kapitalbindung sowie Minimierung und Verlagerung von Risiken.

Kandidaten für die Auslagerung sind nur Prozesse, die keine Kernkompetenzen betreffen, da die wertschöpfenden Kernprozesse das Erfolgspotential des Unternehmens darstellen und hierdurch Wettbewerbsvorteile generieren. Dadurch können größtenteils nur Sekundärprozesse wie z.B. die Lohn- u. Gehaltsabrechnung ausgelagert werden. Ein weiteres Beispiel besteht im IT-Outsourcing. Hierbei werden entweder die IT-Infrastruktur oder aber Anwendungen vom Dienstleister übernommen.

Die Vergabe der Leistungen an externe Dienstleister wird über sogenannte Service Level Agreements (SLA) vertraglich geregelt. In ihnen werden der genaue Umfang der zu übernehmenden Leistung sowie bestimmte Leistungskriterien festgehalten. Mit der Vergabe entstehen zudem neue Prozess-Schnittstellen. Um Probleme zu vermeiden, müssen das Zusammenspiel zwischen internen und externen Prozessen sowie die entsprechenden Verantwortlichkeiten eindeutig sein. Zwar wird das Unternehmen durch Auslagerung um eine Reihe von Aktivitäten entlastet, allerdings kommen neue Aufgaben durch das Management der Outsourcing-Partnerschaft hinzu.[10]

Grundlage für die Erstellung eines Zielsystems ist die Unternehmensvision. Diese gibt grob die Richtung vor, wohin ein Unternehmen in Zukunft steuert.[11] Auf Basis der Unternehmensziele wird das Zielsystem für das GPM entwickelt. Zur Ausrichtung der Geschäftsprozesse ist die Definition von Zielen notwendig. Auch wenn Unternehmen im Wettbewerb ähnliche Produkte herstellen, kann die Ausrichtung unterschiedlich sein. So werden z.B. verschiedene Strategien von Markenherstellern, Massenherstellern oder Luxusherstellern verfolgt. Entsprechend müssen auch die Prozesse ausgerichtet werden.

10 Vgl. Allweyer (2005), S.121 ff.
11 Vgl. Walter (2009), S. 24.

Der Aufbau erfolgt in der Regel hierarchisch. Aus einzelnen Oberzielen werden Unterziele abgeleitet, und hieraus wiederum konkrete Ziele für einzelne Prozesse. Beispiele für Oberziele sind z.b. eine hohe Kundenzufriedenheit oder die Erreichung der Kostenführerschaft. Hieraus abzuleitende Unterziele sind dann eine Verkürzung der Durchlaufzeiten oder eine möglichst geringe Fehlerquote.

Zur Messung der Zielerreichung ist die Entwicklung eines Kennzahlensystems notwendig. In ihm werden die Ziele mit konkreten Messgrößen oder Kennzahlen belegt und eine Methodik entwickelt, wie diese gemessen werden.[12]

Zum Aufbau eines Kennzahlensystems eignet sich das Konzept der Balanced Scorecard (BSC). Sie stellt ein System dar, dass neben der finanziellen Perspektive auch die Kundenperspektive, die Prozessperspektive sowie die Lern- und Entwicklungsperspektive umfasst. Diese drei weiteren Perspektiven sind notwendig, um Prognosen für künftige Geschäftsjahre erstellen zu können, und Ursachen für beobachtete Entwicklungen zu erkennen. Mit rein finanziellen Kennzahlen ist dies nur bedingt möglich.

Die BSC stellt hierfür ein ausgewogenes Kennzahlensystem bereit, in dem die vier Bereiche gleichermaßen berücksichtigt werden. Natürlich können die Bereiche an spezielle Gegebenheiten angepasst werden, wenn beispielsweise ein höherer Stellenwert auf eine Lieferantenperspektive gelegt wird.

Ausgehend von der Geschäftsstrategie werden nun geeignete Kennzahlen formuliert und Zielvorgaben für jede Kennzahl erarbeitet. Um den Überblick nicht zu verlieren, wird empfohlen, nicht mehr als ca. 25 Kennzahlen zu verwenden und diese gleichmäßig auf die vier Perspektiven zu verteilen. Die Kennzahlen können hier in Früh- und Spätindikatoren unterteilt werden, je nachdem wann sie die Wirkungen getroffener Maßnahmen widerspiegeln.

So wie die Unternehmensziele in Ober- u. Unterziele unterteilt werden können, so können auch BSCs für unterschiedliche Hierarchieebenen erstellt werden. Auf diese Weise lassen sich BCSs als Managementwerkzeug für alle Bereiche des Unternehmens aufstellen. Zudem ist es möglich, dass die Unternehmensziele durch die BSCs kommuniziert und zwischen den Bereichen abgestimmt und in Einklang gebracht werden.[13]

---

12 Vgl. Allweyer (2005), S.109 ff.
13 Vgl. Allweyer (2005), S.115 ff..

3.2 Prozessentwurf

Nachdem die Rolle sowie die strategische Ausrichtung des Geschäftsprozessmanagements im Unternehmen geklärt wurde gilt es nun, die Geschäftsprozesse zu identifizieren, zu beschreiben bzw. zu modellieren und anschließend bei Bedarf zu optimieren bzw. neu zu entwerfen. Für die Modellierung müssen entsprechend dem Zweck geeignete Modellierungswerkzeuge ausgewählt und der Grad der Detaillierung festgelegt werden.

Bereits bei Modellierung der Ist-Situation fallen häufig Prozesse auf, die schlecht gelöst oder gar unnötig sind, da sie keine Wertschöpfung erzeugen. Zudem bilden Prozessmodelle die Grundlage für Optimierungen oder Neugestaltungen der Prozesse. Ferner kann die Prozessdokumentation im Rahmen der Zertifizierung gemäß ISO 900x genutzt werden.[14]

Vor Modellierung der Geschäftsprozesse müssen diese zunächst identifiziert werden. Hierbei kann top-down oder bottom-up vorgegangen werden. Bei der Top-Down-Methode werden auf Basis des strategischen Geschäftsprozessmanagements (siehe Abschnitt 3.1) bzw. der Geschäftsstrategie zunächst die Primärprozesse festgelegt und in Teilprozesse aufgeteilt. Dem folgt die Festlegung und Aufteilung der Sekundärprozesse. Die weitere Unterteilung in Prozessschritte, Arbeitsschritte und Aktivitäten folgt später in der operativen Planung.

Beim Bottom-Up-Ansatz hingegen werden von den bestehenden Aktivitäten aus Teilprozesse gebildet und diese anschließend zu Geschäftsprozesse zusammengefügt. Hier wird somit von einer bestehenden Funktionsorganisation ausgegangen.

In dieser Projektarbeit wird der Top-Down-Ansatz favorisiert, da er die Prozesse auf Basis der Geschäftsstrategie abbildet und den Kunden als Ausgangs- und Endpunkt einbindet. Zudem erfordert er weniger Aufwand und Zeit.

Wichtigster Ausgangspunkt für die Identifizierung der Geschäftsprozesse ist somit der Kunde, da insbesondere die Primärprozesse beim Kunden anfangen und enden sollten. Dementsprechend ist zu klären, mit welcher Strategie die Anforderungen und Bedürfnisse der Kunden optimal befriedigt werden können, und wie die Prozesse zu gestalten sind.[15]

---

14 Vgl. Lehmann (2008), S. 20 f.
15 Vgl. Schmelzer et al. (2008), S. 121 ff.

Es gibt verschiedene Möglichkeiten, Geschäftsprozesse zu dokumentieren. Sie können textuell beschrieben, tabellarisch oder in grafischen Ablaufdiagrammen ohne bestimmte Notation dargestellt oder in Modellen mit bestimmter Notation erfasst werden. Die textuelle Form ist hierbei die einfachsten anzuwenden, wird aber bei komplexeren Prozessen schnell unübersichtlich. Dem folgen tabellarische Ablaufdiagramme, welche ebenfalls einfach zu erstellen sind, allerdings lassen sich keine Kontrollflüsse darstellen. Als dritte Möglichkeit kann der Prozess in Ablaufdiagrammen mit Prozessfluss abgebildet werden, allerdings ist keine einheitliche Modellierung bei fehlender, vorgeschriebener Notation möglich. Dementsprechend wird in dieser Projektarbeit die Geschäftsprozessmodellierung mit einheitlicher Notation empfohlen. Durch sie lassen sich auch komplexe Abläufe in Unternehmen anschaulich darstellen.[16]

Eine Möglichkeit der Modellierung mit einheitlicher Notation bietet das ARIS-Konzept (Architektur integrierter Informationssysteme), dass in Abschnitt 4 vorgestellt wird.

Nach Modellierung der betrieblichen Prozesse gilt es, diese zu analysieren und auf Schwachstellen zu untersuchen, um Verbesserungspotenziale aufzudecken. Eine solche Ist-Analyse bietet diverse Vorteile:

- Vorhandene Prozesse werden transparenter, die Analyse dient dem Verständnis.
- Probleme werden aufgedeckt und können beim Sollprozess-Entwurf berücksichtigt werden.
- Nach Einführung neuer Prozesse kann ein Soll-Ist-Vergleich durchgeführt werden, um die tatsächlich erzielten Einsparpotenziale beurteilen zu können.[17]
- Zum Vergleich der Prozesseffizienz im Wettbewerb besteht die Möglichkeit zur Durchführung eines Benchmarkings.[18]

Dem gegenüber stehen als Nachteile der hohe Aufwand, insbesondere wenn es sinnvoller ist, die Prozesse grundlegend neu zu gestalten, sowie eine eventuell vorhandene „Betriebsblindheit", sollte man sich zulange mit bestehenden

---

16 Vgl. Allweyer (2005), S.130 ff.
17 Vgl. Allweyer (2005), S. 224 f.
18 Vgl. Becker et al. (2005), S. 178.

Prozessen beschäftigen. Hier ist oftmals die Unterstützung durch externe Berater sinnvoll. Trotz der Nachteile ist eine Analyse sinnvoll, insofern man sich nicht im Detail verliert.[19]

Um eine strukturierte Analyse zu ermöglichen, können eine Reihe von Kriterien herangezogen werden:

- Wertschöpfung:
  Erfüllt der Prozess einen betrieblichen Mehrwert?
  Werden Leistungen mehrfach ausgeführt?
- Organisationsbrüche:
  Wie häufig wird innerhalb des Prozesses zwischen Organisationseinheiten gewechselt?
- Medienbrüche:
  Wie häufig wird innerhalb des Prozesses zwischen unterschiedlichen Informationsträgern (EDV, Papier etc.) gewechselt?
- Systembrüche:
  Wie häufig wird innerhalb des Prozesses zwischen unterschiedlichen Systemen gewechselt, die nicht ausreichend integriert sind?[20]
- Unklare Kompetenzen:
  Wie häufig werden Aufgaben ohne Bearbeitung zwischen unterschiedlichen Organisationseinheiten ausgetauscht, da Bearbeitungs- und Verwantwortungsbereiche nicht klar definiert sind?
- Zu viele Hierarchieebenen:
  Wie viele Ebenen müssen die Entscheidungen durchlaufen?
  Können Mitarbeiter eigenverantwortlich arbeiten?[21]

Um eine monetäre Betrachtung der Prozesskosten zu ermöglichen, bietet sich das Verfahren der Prozesskostenrechnung an. In ihr werden die Prozesse zwischen leistungsmengeninduzierten (lmi) Prozessen, die sich mengenvariabel zum Output einer Kostenstelle verhalten, und leistungsmengenneutralen (lmn) Prozessen, die generell anfallen und unabhängig von der Arbeitsmenge sind, unterschieden. Als Bezugsgröße der lmi Prozesse dienen sog. Kostentreiber

19 Vgl. Allweyer (2005), S. 226.
20 Vgl. Lehmann (2008), S. 157 f.
21 Vgl. Becker et al. (2005), S. 174 f.

(Cost Driver), deren Ausprägung die durch den Prozess verursachten Kosten bestimmen.

Anschließend erfolgt die Bestimmung der Prozessmenge. Sie gibt die messbare Leistung des Prozesses an, sowie die Prozesskosten. Sie quantifizieren die zugehörigen Kosten bzw. verbrauchten Ressourcen der bestimmten Prozessmenge. Als Quotient aus Prozesskosten und Prozessmenge wird nun der Prozesskostensatz gebildet. Er entspricht den verursachten Kosten einer einmaligen Durchführung des Prozesses.

Durch das System der Prozesskostenrechnung können die Kosten der indirekten Bereiche verursachungsgerechter zugeordnet werden, anstatt diese nur über einen Gemeinkostensatz pauschal zu verrechnen, wie es bei der traditionellen Kostenrechnung üblich ist. Insbesondere bei Unternehmen mit relativ hohen Gemeinkosten ist somit eine genauere Kalkulation möglich.[22]

Auf Basis der Prozessanalyse wird festgelegt, welche Geschäftsprozesse neu modelliert werden sollen. Das übergeordnete Ziel der Sollmodellierung besteht darin, schlecht strukturierte Prozesse so zu konzipieren, dass sie effektiver und effizienter abgewickelt werden können.

Bei Erstellung eines Sollmodells wird zuerst ein Grobentwurf erstellt. In ihm werden die wertschöpfenden Prozesse anhand der Unternehmensstrategie abgeleitet, er enthält somit eine Übersicht der Primär- und Sekundärprozesse. Auf dieser Basis werden die neuen Prozesse entworfen, modelliert und dokumentiert. Zur Auswahl sind verschiedene Varianten zu bilden. Die Ausrichtung der Prozesse ist hierbei an die Unternehmensstrategie (z.B. Kosten- oder Qualitätsführerschaft) anzupassen. Anschließend sind die neuen Sollprozesse zu konsolidieren und zu einem Unternehmensmodell zusammenzufassen. Zudem muss die Aufbauorganisation an die geänderten Abläufe angepasst werden.[23]

Für den Entwurf bietet es sich an, im Team mit Teilnehmern aus unterschiedlichen Bereichen des Unternehmens Workshops abzuhalten, in denen die Ideenfindung für den Aufbau neuer Prozesse stattfindet. In solchen Work-

---

22 Vgl. Rehmer (2005), S. 26 ff.
23 Vgl. Schneider et al. (2008), S. 92 f.

shops bietet es sich an, mit unterschiedlichen Kreativitätstechniken wie z.B. dem Brainstorming oder dem Mind Mapping zu arbeiten. Hierbei äußern die Teilnehmer in der ersten Phase möglichst viele Ideen, unabhängig davon, ob diese realisierbar sind oder nicht. In der zweiten Phase werden die Ideen sortiert und hinsichtlich ihrer Umsetzungsmöglichkeiten beurteilt.[24] Eine ausführliche Einführung in Kreativi- tätstechniken wird an anderer Stelle gegeben.[25]

3.3 Prozessimplementierung

Aufbauend auf den Prozessentwurf gilt es nun, die neuen Prozesse im Unternehmen umzusetzen. Zunächst ist eine Umstrukturierung der Aufbauorganisation notwendig, um sie an die betrieblichen Abläufe anzupassen. Die neuen Prozesse müssen von den Mitarbeitern akzeptiert und unterstützt werden. Anschließend müssen die betrieblichen Informationssysteme an die Prozessorientierung angepasst bzw. erneuert werden. Für eine vollständig papierlose Vorgangsbearbeitung bieten sich Workflow-Management-Systeme (WFMS) an.

„Unter Change Management werden alle Maßnahmen subsumiert, die zur Initiierung und Umsetzung von neuen Strategien, Strukturen, Systemen und Verhaltensweisen notwendig sind."[26]
Bei Einführung neuer Strukturen genügt es nicht, den Mitarbeitern die neu entwickelten Organigramme mitzuteilen und ihnen zu sagen, wie sie zukünftig zu arbeiten haben. Es gilt, Sie von den Änderungsmaßnahmen zu überzeugen und ihnen die Vorteile einer prozessorientierten Organisation aufzuzeigen, um die Akzeptanz und somit auch eine engagierte Mitarbeit zu fördern. Um Ängste abzubauen, sollten offene Gespräche mit den Mitarbeitern geführt werden, in denen deutlich gemacht wird, dass durch die Reorganisationsmaßnahmen keine Stellen abgebaut werden. Die Mitarbeiter sollten von Anfang in das Projekt einbezogen werden, damit sie selbst zum Projekt beitragen und sich so besser damit identifizieren können.[27]

---

24 Vgl. Nöllke (2006), S. 55 f.
25 Siehe Nöllke (2006).
26 Gattermeyer et al. (2001), S. 14.
27 Vgl. Allweyer (2005), S. 301 ff.

Bei der Umsetzung gibt es verschiedene Strategien, in welcher zeitlichen Abfolge die Umstellung stattfinden soll. Im ersten Step können die neuen Prozesse eingeführt werden, und im zweiten Step wird die Aufbauorganisation angepasst. Es ist aber auch möglich, erst die Aufbauorganisation zu ändern und anschließend die neuen Prozesse einzuführen. Der Nachteil dieser zeitlich versetzten Strategien besteht darin, dass es auf Grund der engen Verzahnung meist nicht möglich ist, die Ablauforganisation ohne die Aufbauorganisation zu ändern. Insofern bietet sich eine zeitgleiche Einführung einer neuen Aufbau- und Ablauforganisation. Das erhöhte Risiko sollte hier in Kauf genommen werden.

Ferner gilt es festzulegen, ob die Umstellung Step-by-Step oder als Big-Bang (auf einmal) erfolgen soll. Die Step-by-Step-Methode hat das niedrigere Risiko und benötigt einen geringeren, gleichmäßigeren Ressourcenbedarf, allerdings erhöht sich die Einführungszeit und es bestehen Synchronisationsprobleme. Während dessen die Einführung bei der Big-Bang-Methode sehr schnell erfolgt und die neuen Prozesse direkt genutzt werden können. Die einmalige Gesamtumstellung ist aber komplexer, belastender und risikoreicher.[28]

Im folgenden Schritt müssen die betrieblich eingeführten Prozesse im Informationssystem abgebildet werden. Hierzu werden in den meisten Unternehmen Enterprise Resource Planning Systems (EPR-Systeme) eingesetzt, die alle wesentlichen betrieblichen Bereiche umfassen. Um die hohen Kosten der Erstentwicklung, Pflege und Weiterentwicklung einer Individualsoftware zu vermeiden, wird häufig zu Standardsoftware gegriffen, welche an die Bedürfnisse des Unternehmens angepasst wird (sog. Customizing). Allerdings ist es oft nicht möglich, das EPR-System 1:1 an alle Prozesse anzupassen. Daher werden zumeist kostenintensive Erweiterungen entwickelt, was auch später noch zu erhöhten Wartungs- u. Pflegekosten führt. Dies ist nicht immer sinnvoll, da bei der Entwicklung moderner ERP-Systeme die Erfahrung vieler Unternehmen zu sogenannten „Best-Practice-Lösungen" geführt haben, die im System abgebildet werden. Insofern ist es fraglich, ob die selbst erstellten Prozesse des Unternehmens wirklich besser sind. Insbesondere bei Sekundärprozessen wie z.B. Gehaltszahlungen sind die Unterschiede meist nur

---

28 Vgl. Becker et al. (2005), S. 270 ff.

sehr gering. Lediglich bei Primärprozessen, mit denen das Unternehmen wettbewerbsentscheidende Vorteile erzielt, sollte die IT angepasst werden.[29]

Einen weiteren Ansatz zur Integration der Geschäftsprozesse in die IT bietet SOA (Service orientierte Architekturen), umgesetzt z.b. über Web Services. Ein Dienst (Service) ist „ein Programm oder auch eine Softwarekomponente, die lokal oder über ein Netzwerk von anderen genutzt werden kann."[30] Er bildet einen einzelnen Geschäftsprozess bzw. einen Ausschnitt eines Geschäfts- prozesses ab. Durch die Koordinierung (Orchestrierung) mehrerer Dienste entsteht so der geforderte betriebliche Ablauf. Ein wesentliches Merkmal von SOA besteht darin, dass die entsprechenden Dienste von der Anwendung erst während der Laufzeit dynamisch gesucht, gefunden und eingebunden werden (lose Kopplung). Um die benötigten Dienste zu finden, enthält jeder Dienst eine Service Beschreibung und ist im Dienstverzeichnis (Registry) hinterlegt. Der Vorteil von SOA besteht darin, dass bei Änderung der Geschäftsprozesse lediglich einzelne Dienste angepasst werden müssen, was zu einer höheren Flexibilität führt. Zudem sinken die Kosten in der Softwareentwicklung, da beim Vorhandensein eines großen Service-Pools meist ein Großteil der benötigten Funktionalität vorhanden ist und lediglich neu orchestriert werden muss.[31]

Ein Workflow unterstützt einen Geschäftsprozess, indem er die ursprünglich papierbasierten Bearbeitungsvorgänge elektronisch nachbildet (Workflow- Definition). Er läuft dabei immer nach demselben oder zumindest ähnlichen Schema ab. Insofern wird er größtenteils bei häufig wiederkehrenden, standar- disierten Abläufen verwendet. Wie beim Geschäftsprozess startet er mit einem bestimmten Start-Ereignis und endet mit Abbruch bzw. einem End-Ereignis, nachdem er zu einem definierten Zustand kommen muss.[32] Beim Workflow- Management-System (WfMS) werden elektronische Vorgangsmappen für Bear- beitungsvorgänge erstellt. Die Mitarbeiter verfügen über elektronische Post- körbe für den Eingang und Ausgang der Mappen. Sie entnehmen einen Vorgang aus dem Eingangskorb zur Bearbeitung, wodurch sich das benötigte

---

29 Vgl. Allweyer (2005), S. 306 ff.
30 Melzer et al. (2010), S. 14.
31 Vgl. Melzer et al. (2010), S. 10 ff.
32 Vgl. Müller (2005), S. 8.

Anwendungssystem öffnet. Nach Bearbeitung leitet das WfMs den Vorgang automatisch an den nächsten Mitarbeiter weiter.[33] Sollte während der Workflowdefinition festgestellt werden, dass einfache Wenn-Dann-Regeln für die automatische Weiterleitung von Vorgangsmappen nicht mehr ausreichend sind, lassen sich WfMs um Regelmaschinen in Ihrer Funktionalität ergänzen, die Geschäftsregeln integrieren können. Dieses Verfahren fördert eine klare Trennung zwischen Prozess- und Entscheidungslogik, wodurch die Agilität des Entwicklungsprozesses gesteigert wird. Den Auswertungsregeln der Regelmaschinen können nun deutlich komplexere Entscheidungsparameter sowie hochgradig optimierte Algorithmen zugrunde gelegt werden.

Im Zentrum des Systems steht die Workflow-Engine. Sie importiert die Workflow-Definition und bildet hieraus Instanzen (entspricht den Vorgangs-mappen). Zudem ist sie für die Ausführung sowie die Ablaufsteuerung des Workflows zuständig.[34]

3.4 Prozesscontrolling

Zur Schließung des Geschäftsprozessmanagement-Kreislaufes folgt nach Strategischer Planung, Entwurf und Implementierung der Prozesse nun das Controlling. Beim Prozesscontrolling werden die eingeführten Prozesse gesteuert und kontrolliert. Anschließend folgen Methoden zur Steigerung der Leistung von Geschäftsprozessen.

Zur Messung der Prozesseffektivität und -effizienz muss als erstes festgelegt werden, welche Kennzahlen überhaupt erhoben werden sollen. Die Wahl der richtigen Leistungsparameter ist hierbei entscheidend über den Erfolg der Prozesssteuerung.

Der wichtigste Parameter zur Beurteilung der Prozesseffektivität ist die Kunden-zufriedenheit. Sie hängt davon ab, in welchem Maß das Unternehmen die For-derungen des Kunden kennt und umsetzt.

---

33 Vgl. Allweyer (2005), S. 322 ff.
34 Vgl. Becker et al. (2009), S. 137 ff.

Zur Beurteilung der Prozesseffizienz dominieren folgende Parameter:

- Prozessqualität

- Prozesszeit / Termintreue

- Prozesskostenrechnung

Diese 5 Kennzahlen können nie isoliert betrachtet werden, da eine wechsel-
seitige Beziehung zwischen ihnen besteht. So muss bei der Verbesserung
eines Parameters immer beachtet werden, ob sich die Änderung negativ auf
andere Parameter auswirkt. Z.B. lässt sich die Prozessqualität durch stärkeres
Qualitätsmanagement erhöhen, hierdurch steigen allerdings auch die Prozesskosten.[35]

Die Messung der ausgewählten Leistungsparameter kann einerseits laufend,
andererseits periodisch erfolgen. Beide Methoden sind allerdings keine Alter-
nativen zueinander, sondern ergänzen sich. Während zu Beginn noch
periodisch gemessen wird, tritt bei zunehmender Reife die laufende Kontrolle
mehr in den Vordergrund.

Die Methodik zur Messung muss bereits bei Entwurf der Prozesse festgelegt
und anschließend implementiert werden. Die Häufigkeit hängt hierbei vom
Parameter ab. Während Prozesszeiten, Termintreue und Prozessqualität im
Ein- bzw. Zwei-Wochen-Rhythmus gemessen werden, erfolgt die Erfassung von
Prozesskosten und Kundenzufriedenheit im größeren Abstand.

Gemessen wird an den Übergängen zwischen Teilprozessen, häufig Quality
Gates genannt. Hierdurch können frühzeitig Abweichungen erkannt und das
Einhalten der Zielvorgaben beurteilt werden.[36]

Beim Prozessmonitoring werden die gemessenen Kennzahlen beobachtet und
mit den geplanten Sollzahlen verglichen. Die Ergebnisse werden grafisch
aufbereitet und visualisiert. Auf dieser Basis können bei Abweichungen der Ist-
Kennzahlen von den Soll-Kennzahlen Maßnahmen zum gegensteuern einge-
leitet werden.[37]

---

35 Vgl. Schmelzer et al. (2008), S. 266 ff.
36 Vgl. Schmelzer et al. (2008), S. 308 ff.
37 Vgl. Wagner et al. (2007), S. 180 f.

17

Instrumente des Monitorings sind:

- Prozessaudits

  „Unabhängige und systematische Untersuchung zur Feststellung, ob die tatsächlich ausgeführten Tätigkeiten den festgelegten Anordnungen und Vereinbarungen entsprechen, ob Maßnahmen zur Verbesserung laufend erarbeitet und wirkungsvoll verwirklicht wurden und geeignet sind, die gesetzten Ziele zu erreichen."[38]

- Prozessassessment

  Beim Prozessassessment wird der Reifegrad bzw. die Prozessfähigkeit beurteilt und mit existierenden Referenzmodellen anhand eines Beurteilungsschemas verglichen. Hierdurch ist eine Standortbestimmung für den Prozessverantwortlichen und für das Unternehmen möglich.[39]

Das Prozessreporting sorgt für die Kommunikation und Verteilung der Leistungsparameter sowie der Ergebnisse des Monitorings.

Die gemessenen Daten der verschiedenen Standpunkte werden durch vorher definierte Regeln zusammengeführt. Hier folgt die Übergabe an das Monitoring. Die Ergebnisse werden zum Einen an die Prozessmitarbeiter verteilt, damit diese Feedback über Erreichung bzw. Nichterreichung der gesteckten Prozessziele erhalten. Die Ergebnisse können mit Ihnen kommuniziert werden, um evtl. Änderungsvorschläge zu erhalten oder neu zur Zielerreichung zu motivieren. Zum Zweiten erfolgt das Prozess-Reporting an die Unternehmensleitung. Dies sollte möglichst stark in das bestehende Unternehmensreporting integriert sein und an die unternehmensspezifischen Gegebenheiten angepasst werden. Weiterhin gilt es, die gelieferten Informationen mit den tatsächlichen Informationsbedarf abzustimmen, um der Unternehmensleitung schnell einen Überblick über die Prozesssituation des Unternehmens zu geben, ohne Sie mit unnötigen Daten aufzuhalten.[40]

Es gibt zwei unterschiedliche Ansätze zur Leistungssteigerung in Geschäftsprozessen. Der Erste besteht in der Erneuerung bzw. Veränderung bestehender Prozesse. Der Zweite Ansatz verbessert die bestehenden Prozesse, ohne

38 Wagner et al. (2007), S. 183
39 Vgl. Wagner et al. (2007), S. 183.
40 Vgl. Wagner et al. (2007), S. 186 ff.

den Ablauf zu verändern.

Die bekannteste Methode zur Prozesserneuerung ist das Business Process Reengineering (BPR). Fokussiert auf den Kunden und die Prozesssicht, werden die bisherigen Abläufe im Unternehmen fundamental überdacht und teilweise radikal verändert. Hierdurch kann die Leistung drastisch gesteigert werden. Allerdings unterliegt BPR auch einem hohen Risiko und bindet erhebliche Personalressourcen. Somit sollte es nur für strategisch wichtige Primärprozesse verwendet werden.[41]

Methoden der Prozessverbesserung sind u.a. Total Cycle Time (TCT), KAIZEN und Six Sigma. Sie legen den Schwerpunkt auf die Analyse und Behebung von Schwachstellen in bestehenden Prozessen. Hauptmerkmal von TCT ist die Beseitigung von Barrieren, die den Prozessablauf behindern, sowie nicht-wertschöpfender Prozesse. Hierdurch verkürzt sich die Prozesszeit, was mit der Erhöhung der Termintreue sowie Senkung der Prozesskosten verbunden ist. Der Focus von KAIZEN liegt auf die Eliminierung von Verschwendungen, indem die Unternehmensleitung die Mitarbeiter dazu motiviert, ständig Ihren Arbeits-prozess zu verbessern. Verschwendung ist alles, was dem Kunden keinen Mehrwert liefert. Ziel von Six Sigma ist es, die Prozesse so zu gestalten, dass die Ergebnisse nur eine Variation von 6 Sigma aufweisen, was bedeutet, dass bei einer Million Möglichkeiten nur 3,4 Fehler auftreten dürfen. Eine derartige Erhöhung des Qualitätsniveaus führt zu großen Einsparungen bei den Fehler-kosten.[42]

---

41 Vgl. Schmelzer et al. (2008), S. 372 ff.
42 Vgl. Schmelzer et al. (2008), S. 376 ff.

19

4 ARIS-Konzept

Durch ARIS von IDS-Scheer werden alle Bereiche des Geschäftsprozess-managements unterstützt. Die Grundlage des ARIS-Konzeptes bildet das ARIS-Haus, welches in Abschnitt 4.1 vorgestellt wird. Die Umsetzung erfolgt über die Module der ARIS-Platform. Diese werden in Abschnitt 4.2 erläutert.

4.1 ARIS-Haus

Durch die Bereitstellung ebenen- und sichtenspezifischer Modellierungs- und Implementierungsmethoden soll die Komplexität der Modellierung von Prozessen sowie ihrer Implementierung reduziert werden. Eine Übersicht des ARIS-Hauses gibt Abbildung 2.

Abbildung 2: ARIS-Haus[43]

Im Zentrum steht hier die Steuerungssicht. Diese ist vorrangig für die Ablauf-organisation zuständig.

Jede der genannten Sichten wird für eine umfassende Beschreibung in drei Beschreibungsebenen unterteilt:

- Fachkonzept

  Strukturierte Darstellung eines Prozesses, ohne darauf einzugehen, ob und wie Informationssysteme eingesetzt werden sollen.

---

43 Entnommen aus: Lehmann (2008), S. 23.

20

- DV-Konzept

  Datenverarbeitungskonzept. Auf Basis des Fachkonzeptes erfolgt die Anpassung an Anforderungen zur DV-technischen Umsetzung.

- Implementierung

  Auf Basis des DV-Konzeptes erfolgt nun die konkrete Umsetzung in Software- und Hardwarekomponenten.[44]

ARIS bietet hier für jede Schicht jeder Sicht verschiedene Modelltypen. Die wichtigsten Modelltypen werden nachfolgend bei den entsprechenden Sichten vorgestellt.

In der Funktionssicht werden die auf Basis der Geschäftsstrategie auszuführenden Funktionen beschrieben. Eine Funktion ist definiert als Verrichtung an einem Objekt zur Unterstützung eines oder mehrerer Ziele.[45]

Zur Darstellung eignet sich besonders der Modelltyp Funktionsbaum. Beim Funktionsbaum werden Funktionen gruppiert und in Über- und Unterordnungsbeziehungen zueinander gesetzt. Er dient der mehrstufigen, hierarchischen Zerlegung bis zur Ebene der Elementarfunktionen. Als Gliederungskriterien zur Strukturierung können Verrichtungen, Bearbeitungsobjekte oder Geschäftsprozesse dienen. Dies ist abhängig vom späteren Verwendungszweck. Beim Entwurf ist darauf zu achten, dass Funktionen auf gleicher Hierarchieebene die gleiche Komplexität aufweisen (Ausgewogenheit) und die Zerlegungsbreite und -tiefe jeweils maximal 7 Stufen enthält, um eine gute Übersicht zu gewährleisten.[46]

Die Organisationssicht beschreibt die Aufbauorganisation des Unternehmens. In ihr wird die Hierarchie der Organisationeinheiten mit den entsprechenden Weisungs- u. Kommunikationsbeziehungen dargestellt.[47]

Zur Darstellung wird häufig der Modelltyp Organigramm verwendet. Bezüglich der Notation gibt es hier keine eindeutige Richtlinie, ARIS verwendet die in Abbildung 3 ersichtliche Notation.

---

44 Vgl. Lehmann (2008), S. 23 ff.
45 Vgl. Scheer (2001), S. 21 f.
46 Vgl. Lehmann (2008), S. 31 f.
47 Vgl. Scheer (2001), S. 52.

Symbol	Benennung	Bedeutung	Kanten-/Knotentyp
⬭	Organisations-einheits-Typ	Typisierung der Hierarchieebene, z.b. Geschäftsbereich, Abteilung	Organisationsknoten
⬭	Organisations-einheit	Konkreter Aufgabenträger einer Hierarchieebene, z.B. Abt. V7	Organisationsknoten
▭	Stelle	Elementare Untergliederung der Organisationseinheit, zu der eine Stellenbeschreibung hinterlegt ist z.b. Sachbearbeiter Verkauf Ost	Organisationsknoten
▭	Personen-Typ	Typisierung der Personalhierarchie, z.b. Abteilungsleiter, Sachbearbeiter	Organisationsknoten
▭	Person	Konkreter Mitarbeiter, z.B. Hans Müller	Organisationsknoten
——	Hierarchie-zuordnung	Beschreibung des Unterstellungs-verhältnisses, z.b. ist fachlich vorgesetzt	Zuordnungsbeziehungs-kante

Abbildung 3: ARIS Organisationssicht (Notation)[48]

In der Datensicht werden die Informationsobjekte und deren Beziehungen untereinander beschrieben. Ziel ist die Erstellung eines semantischen, konzeptionellen Datenmodells, auf dessen Basis das Datenbankverwaltungs-system erstellt werden kann.

Zur Modellierung wird hier kurz das erweiterte Entity-Relationship-Modell (eERM) vorgestellt.

Als zentraler Objekttyp dient im eERM der Entitytyp mit Entities als konkreten Ausprägungen. Er beschreibt materielle oder abstrakte Objekte der realen Welt wie z.b. Material- oder Kundenstammdaten. Zwischen diesen Entitäten bestehen Beziehungen (Assoziationen) wie z.b. ein Kunde erhält 5 x Produkt A. Werden den Beziehungstypen eigene Attribute zugeordnet, wird dieser zum Uminterpretierten Beziehungstyp.

Zur Beschreibung von Merkmalen dienen Attribute wie die Kundennummer oder der Name des Kunden. Hierbei gibt es Schlüsselattribute, die eindeutig sein müssen und somit nur einmal vorkommen. Eine weitere Form sind Fremdschlüsselattribute, die bei einem anderen Entitytyp als Schlüsselattribute fungieren.

Neben dem allgemeinen Beziehungstyp gibt es noch die speziellen Beziehungen, Generalisierung und Spezialisierung. Sie beschreiben eine

48 In Anlehnung an: Gadatsch (2010), S. 132.

22

Über-/Unterordnung, wobei der Oberbegriff stete alle Attribute an seine Unterbegriffe vererbt, so z.b. Fahrzeug an Auto / Motorrad / Fahrrad.[49]

In der Leistungssicht werden die Input- und Outputleistungen, Sach- und Dienstleistungen aller Art, einschl. Geldflüsse beschrieben. Die zentrale Aufgabe einer Organisation ist die Leistungserstellung, und durch Betrachtung der Leistungssicht werden Abhängigkeiten zwischen den Prozessen ersichtlich.[50] Einziger, relevanter Modelltyp in ARIS ist der Produktbaum. Er ist ähnlich einer Stückliste aufgebaut, indem er aufzeigt, aus welchen Teilleistungen eine Gesamtleistung besteht. Während sich eine materielle Leistung in jedem Fall aus bestimmten, untergeordneten Teilleistungen zusammensetzt (Kantentyp: besteht aus), sind bei Dienstleistungen auch allgemeine Beziehungen (Kantentyp: steht in Beziehung mit) möglich.

Am Beispiel der Leistungssicht ist gut zu erklären, dass Zuordnungen zu einer Sicht nicht immer ganz eindeutig möglich sind. Somit stellt eine geschriebene Rechnung zum einen eine Leistung dar, zum anderen kann sie aber auch nur als einfaches Dokument des entsprechenden Prozesses betrachtet werden.[51]

Die zentrale Sicht im ARIS-Haus ist die Steuerungssicht. Sie verbindet die anderen Sichten miteinander, indem Sie die Ablauflogik des Prozesses, also den Kontrollfluss, mit dem Material- und Informationsfluss, den Organisationseinheiten und sonstigen Ressourcen zusammenführt und in Beziehung setzt.[52]

Um eine Übersicht der existierenden Prozesse eines Unternehmens zu erhalten, eignet sich besonders die Prozesslandschaft. Die Prozesse werden zwischen Primär- u. Sekundärprozessen unterschieden (siehe Kapitel 3.1). Im Vergleich zum Organigramm steht hier eine durchgehende Prozesskette im Vordergrund. Zusätzlich können die Anforderungen der Kunden sowie Produkte bzw. Dienstleistungen und Kundengruppen dargestellt werden. Somit erfüllt die Prozesslandschaft die Funktion eines Inhaltsverzeichnisses des Prozessmanagementsystems, auf dessen Grundlage die Hauptprozesse, und weiter detailliert Teilprozesse erstellt werden.[53]

49 Vgl. Lehmann (2008), S. 41 ff.
50 Vgl. Lehmann (2008), S. 48 ff.
51 Vgl. Lehmann (2008), S. 50.
52 Vgl. Allweyer (2005), S. 145.
53 Vgl. Wagner et al. (2007), S. 69.

23

Der in ARIS dominierende Modelltyp zur Modellierung von Prozessen ist die Ereignisgesteuerte Prozesskette (EPK). Die Beschreibungssprache EPK wurde am Institut für Wirtschaftsinformatik der Universität des Sarlandes in Kooperation mit der SAP AG entwickelt und hat sich als führende, semiformale Methode zur Modellierung von Geschäftsprozessen durchgesetzt. Sie basiert auf der Theorie der Petri-Netze, die um logische Verknüpfungsoperatoren ergänzt wurde. ARIS verwendet die erweiterte Form eEPK.[54]

Zu den Grundelementen gehören Funktionen, Ereignisse, Konnektoren und Prozessschnittstellen.

Funktionen dienen zur Beschreibung von Aufgaben, Tätigkeiten oder Aktivitäten, ausgeführt durch Mitarbeiter oder Anwendungssysteme. Sie sind gruppierbar und untergliederbar. Bei Funktionen handelt es sich um aktive Elemente, die Eingabe-/Ausgabedaten übertragen und über den weiteren Verlauf des Kontrollflusses entscheiden können. Sie besitzen stets genau eine eingehende und eine ausgehende Kante und stehen immer im Wechsel mit Ereignissen. In ARIS werden Funktionen und Prozesse synonym verwendet.[55]

Ereignisse dienen in einer EPK dazu, die Aussagekraft der Modelle zu erhöhen. Sie lösen Funktionen aus oder beschreiben ihr Ergebnis. Am Anfang einer EPK stehen sie als Auslöser des Prozesses und am Ende als Ergebnis. Auslöser und Ergebnisse können hier den tatsächlichen Anfang und das Ende bedeuten, aber auch auf den übergeordneten Prozess referenzieren. Ereignisse besitzen wie Funktionen genau eine eingehende und eine ausgehende Kante.[56]

Konnektoren werden in EPKs verwendet, deren Kontrollfluss nicht rein sequentiell ist. Sie entsprechen den Verknüpfungen der Aussagenlogik. Durch Sie wird der Kontrollfluss aufgeteilt bzw. zusammen geführt. Konnektoren verbinden stets Ereignisse und Funktionen miteinander. Nach Ereignissen kann allerdings kein XOR (Entweder-Oder) und kein Oder-Konnektor folgen, da Ereignisse auf Grund ihres passiven Charakters keine Entscheidungskompetenz besitzen.[57]

---

54 Vgl. Lehmann (2008), S. 61.
55 Vgl. Lehmann (2008), S. 64f.
56 Vgl. Lehmann (2008), S. 65f.
57 Vgl. Lehmann (2008), S. 69 ff.

24

Durch Prozessschnittstellen werden einzelne Prozesse miteinander verbunden. Sie verweisen auf über-, unter- oder nebengeordnete Prozesse und sorgen somit für eine bessere Übersicht, da insbesondere sehr lange Prozesse oder Prozesshierarchien in mehrere Teilprozesse zerlegt werden können. Dementsprechend tragen Sie auch den Namen der aufgerufenen / aufrufenden EPK. Sie stehen anstelle von Funktionen, somit folgen sie stets auf Ereignisse.[58]

Neben diesen grundlegenden Elementen einer EPK gibt es in der eEPK eine Vielzahl an Erweiterungsobjekten. Bei einem Großteil handelt es sich um Ressourcenobjekte wie z.b. Personen, Entitäten oder Dokumente. Sie dienen zur genaueren Beschreibung von Funktionen und sind auch nur mit Funktionen verbunden. Um die Übersicht zu bewahren, sollten sie sparsam und nur dort eingesetzt werden, wo durch sie nützliche Zusatzinformationen erzeugt werden.[59]

4.2 ARIS Platform

Das Softwareangebot der IDS-Scheer AG ist innerhalb der ARIS-Platform in vier Module unterteilt. Diese decken alle Phasen eines BPM-Projektes ab, beginnend bei der Strategiedefinition, gefolgt vom Prozessdesign und der Überführung der Modelle in die IT, bis hin zum Controlling der ausgeführten Prozesse.[60]

Das erste Modul ist die Strategy Platform. Sie unterstützt die Erstellung eines Zielsystems der Geschäftsprozesse auf Basis der Unternehmensstrategie, die Umsetzung erfolgt über Balanced-Scorecards. Ferner soll Transparenz über die Prozesskosten geschaffen werden. Ein Six Sigma Tool unterstützt bei der Verbesserung der Qualität. Die Strategy Platform besteht aus folgenden Modulen:

- Der ARIS Business Optimizer ist ein web-basiertes Werkzeug zur Erstellung und Analyse von Prozesskennzahlen. Die Ergebnisse können grafisch

---

58 Vgl. Lehmann (2008), S. 73 ff.
59 Vgl. Lehmann (2008), S. 78.
60 Die Erläuterungen in Abschnitt 4.2 basieren auf IDS Scheer AG (2010) und stellen eine Momentaufnahme des Softwareangebotes der IDS Scheer AG zum Geschäftsprozessmanagement dar.

aufbereitet und verschiedene Entscheidungs-Szenarien verglichen werden.

- ARIS BSC beinhaltet Werkzeuge für die Design-, Implementierungs-, Controlling- und Neuausrichtungsphase eines Strategieprojektes. Ursache-Wirkungs-Diagramme kommunizieren die Zusammenhänge strategischer Unternehmensziele, und Balanced-Score-Cards liefern die gewünschten Kennzahlen.

- ARIS Six Sigma unterstützt Projekte darin, den Umfang (Scope) zu bestimmen, die Problembereiche zu identifizieren und die kritischen Erfolgsfaktoren messbar zu machen. Prozessdaten können automatisch aus den operativen Systemen erhoben und analysiert werden. Durch die automatische Messung sind die Ergebnisse der Verbesserungen in der Control-Phase überprüfbar.

Das zweite Modul ist die ARIS Design-Platform. Sie enthält Werkzeuge zur Modellierung, Analyse, Publizierung und Optimierung der Geschäftsprozesse eines Unternehmens. Zudem kann die IT-Architektur effizient gestaltet und umgesetzt werden:

- ARIS Express ist ein kostenloses Werkzeug zur Modellierung einfacher Geschäftsprozesse. Es bietet eine grundlegende Funktionalität der Modelle: Organigramm, Prozesslandschaft, Geschäftsprozess als EPK, Datenmodell, IT-Infrastruktur, Systemlandschaft, BPMN-Diagramm, Whiteboard und freies Diagramm.

- Mit dem ARIS Business Architect können Geschäftsprozesse modelliert, analysiert und optimiert werden. Hierbei werden Funktionalitäten zur Administration von Datenbanken, Benutzern, Skripten usw. zur Verfügung gestellt.

- Der ARIS Business Designer richtet sich an Einsteiger, die noch unerfahren im Bereich der Geschäftsprozessmodellierung sind. Er besitzt eine geringere Funktionalität als der Business Architect, ist aber leichter zu handhaben.

- Der ARIS Business Publisher veröffentlicht Informationen zu Geschäftsprozessen oder IT-Architekturen über Web-basierte Prozessportale. Die entsprechenden Berechtigungen werden durch einen rechte- und rollenbasierten Zugang geregelt.

26

- Durch den ARIS Business Simulator kann der Ablauf von Prozessen dynamisch simuliert werden. Während des Prozessablaufes sammelt die Software Informationen über den Prozess und wertet sie in Form von Statistiken oder Diagrammen aus. Hierdurch lassen sich Ablauffähigkeit und Effizienz verschiedener Versionen eines Prozesses vergleichen.

- Zur Erhöhung der Transparenz und Qualität von Prozessen werden Rollen, Verantwortlichkeiten und Prozesse für die BPM Governance aufgestellt. ARIS Process Governance unterstützt bei der Automatisierung und Erhaltung der Flexibilität dieser Abläufe.

- In modernen Organisationen mit komplexen Abläufen müssen diese bestmöglich durch Informationssysteme unterstützt werden. Zur Dokumentation und Analyse haben sich Organisationsstrukturen als Werkzeug entwickelt, die durch ARIS Defense Solution als Richtlinie optimiert werden.

- Insbesondere in großen Unternehmen herrscht zumeist eine sehr heterogene IT-Landschaft. ARIS IT Architekt dient zum Aufbau von IT-Architekturen im Rahmen der ARIS-Methodik. Zudem können durch den Aufbau von Referenzarchitekturen unternehmensweite IT-Standards definiert werden. Ferner wird die IT-Bebauungsplanung durch Dokumentation und Analyse des Ist-Zustandes und durch Erstellung eines Soll-Zustandes unterstützt.

- ARIS IT Inventory sorgt für eine größere Transparenz und Übersicht der IT-Systeme, indem es die notwendigen Funktionalitäten für eine Inventarisierung bereit stellt.

- ARIS ArchiMate Modeler dient dazu, Prozess- und IT-Landschaften zu gestalten und zu analysieren. Durch die Vereinigung des ArchiMate Frameworks mit den ARIS Modellierungsmethoden wird eine gemeinsame Umgebung für Mitarbeiter aus den Fachbereichen sowie der IT geschaffen, um die Anforderungen der Fachbereiche mit den IT-Systemen zu synchronisieren.

Als drittes Modul der ARIS-Platform folgt die Implementation-Platform. Sie bietet Werkzeuge an, um die modellierten Geschäftsprozesse in die IT-Landschaft zu übertragen, und die fachlich und plattformunabhängig beschriebenen Prozesse in implementierbare Modelle bzw. Diagramme zu überführen.

27

- Der ARIS Business Architect for SAP gibt Unternehmen die Möglichkeit, betriebswirtschaftliche Anforderungen aus Prozesssicht zu definieren. Durch die Schnittstelle zum SAP Solution Manager können diese Modelle mit Referenzmodellen von SAP abgeglichen und zum Aufbau einer prozessbasierten SAP-Lösung verwendet werden.

- Durch den ARIS BI Modeller können bestehende Business Intelligence (BI) Landschaften analysiert und automatisch redokumentiert werden. Die Aufbereitung der Datenstrukturen und -flüsse erfolgt in speziellen ARIS-Modelltypen. Zudem besteht die Möglichkeit, mehrere BI-Systeme miteinander zu vergleichen und bei Bedarf zu harmonisieren.

- Der ARIS SOA Architect unterstützt bei dem Entwurf einer SOA auf Grundlage der Geschäftsprozesse der jeweiligen Fachbereiche. Die Identifikation von Services zur Automatisierung fachlicher Aktivitäten wird mit Hilfe des Service Browsers durchgeführt.

- Viele Prozesse im Unternehmen werden über Geschäftsregeln gesteuert, die das Verhalten bei Entscheidungen festlegen. Durch den ARIS Business Rules Designer können diese beschrieben und in die Geschäftsprozesse integriert werden.

- Der ARIS UML Designer verbindet klassische Geschäftsprozessmodellierung mit Softwareentwicklung, um einen durchgehend integrierten Ansatz zur Entwicklung betrieblicher IT-Systeme zu liefern. Er dient als Werkzeug für sowohl Prozess- als auch für UML-Modellierer.

- ARIS for Microsoft BizTalk transformiert ein mit ARIS SOA Architect erstelltes Modell per Knopfdruck zu einem Microsoft Visual Studio Project. Hierdurch wird die Zusammenarbeit der Fach- und IT-Abteilung verbessert.

Das vierte Modul ist die ARIS Controlling Platform. Durch ihre Werkzeuge wird die Leistung der Prozesse gemessen und analysiert. Dies dient der Aufdeckung von Verbesserungspotentialen, als auch der Befriedigung externer Anforderungen aus Regularien wie z.B. Basel II oder ISO.

- Der ARIS Risk & Compliance Manager unterstützt den Nachweis, dass die betrieblichen Abläufe verschiedenen gesetzlichen oder normativen Ansprüchen entsprechen. Die Durchführung Compliance-Relevanter Maßnahmen kann durch Workflows unterstützt werden.

28

- Durch den ARIS Process Performance Manager (ARIS PPM) können die laufenden Geschäftsprozesse auf Zeit, Kosten, Qualität und Mengen bewertet werden. Zudem wird er zur Überwachung von Service Level Agreements eingesetzt. Somit stellt ARIS PPM ein Business Intelligence-Tool zur Analyse aller relevanten Prozesskennzahlen dar.

- ARIS Performance Dashboard erzeugt auf Basis der Daten von ARIS PPM Charts, Grafiken und Verläufe der Prozesskennzahlen, um diese den Prozessbeteiligten möglichst übersichtlich und zeitnah zur Verfügung zu stellen. Die Darstellung kann an die Informationsbedürfnisse des jeweiligen Empfängers zugeschnitten werden.

- ARIS MashZone ist ein kostenloses Werkzeug zur Erstellung sog. Mash-Apps. Sie dienen zur Visualisierung verschiedener Daten. Somit stellt die MashZone eine kleine Variante des ARIS Performance Dashboards dar.

29

5 ARIS im Geschäftsprozessmanagement-Kreislauf

Durch ARIS kann der gesamte Geschäftsprozessmanagement-Kreislauf praktisch umgesetzt und ausgeführt werden. Für jede der vier Phasen bietet ARIS Methoden zur Ausführung an. Insofern ist ARIS nicht als reines Modellierungswerkzeug zu verstehen, sondern kann zur effektiven Nutzung in allen Bereichen des Geschäftsprozessmanagements angewandt werden. Ferner ist die ARIS Platform, wie der GPM-Kreislauf, in die vier Phasen Strategy, Design, Implementation und Controlling aufgebaut. Somit sind diese Phasen direkt aneinander angeglichen.

Beginnend mit dem Strategischen Prozessmanagement erfolgt die Identifikation der Primär- und Sekundärprozesse durch die Erstellung der Prozesslandkarte, die eine Übersicht über die Prozesse des Unternehmens liefert. Diese Landkarte wird als Modell der Prozesslandschaft in ARIS Express sowie dem ARIS Business Architect umgesetzt. Entscheidungen über Outsourcing einzelner Bereiche werden durch den Business Optimizer unterstützt. Er wird als Werkzeug zur kennzahlenbasierten Prozessoptimierung eingesetzt, und liefert somit auch Outsourcing-Relevante Daten wie Prozesskosten oder Prozesseffizienz. Zur Aufstellung eines Zielsystems bietet ARIS in der Funktionssicht das Zieldiagramm. Es ist aufgebaut wie der Funktionsbaum und beschreibt in hierarchischer Form die Ziele eines Unternehmens.[61] Der Aufbau eines Kennzahlensystems erfolgt durch ARIS BSC, wodurch Balances Scorecard Systeme umgesetzt werden können.

Im GPM-Kreislauf folgt nun der Prozessentwurf. Die Identifizierung der Geschäftsprozesse wird wieder durch ein Element der Funktionssicht, hier den Funktionsbaum modelliert, der eine hierarchische Übersicht durch Zerlegung in Über- und Unterordnungsbeziehungen liefert. Zur Prozessmodellierung kann die vorgestellte Methode der ereignisgesteuerten Prozesskette verwendet werden, um die Prozesse auf fachkonzeptioneller Ebene darzustellen. Als Werkzeug bietet ARIS hier wieder ARIS Express oder den Business Architect bzw. den Business Designer an. Für die Prozessanalyse liefert ARIS auf der Design

---

61 Vgl. Lehmann (2008), S. 33.

30

Platform den Business Simulator. Auf Basis der modellierten Prozesse können diese virtuell ausgeführt und ausgewertet werden. Der Business Simulator führt eine Simulation des Prozesses durch, während dessen er eine Vielzahl von Informationen sammelt, um die Effizienz des Prozesses beurteilen zu können. Durch diese Informationen werden nun Schwachstellen im Prozess aufgedeckt, die als Grundlage für den Sollprozess-Entwurf genutzt werden können. Durch dynamisches Verändern des Prozessmodells sowie dem Vergleich der Analysen unterschiedlicher Varianten eines Prozesses ist es somit möglich, die effizienteste Variante auszuwählen und anschließend umzusetzen.

Der dritte Abschnitt im GPM-Kreislauf ist die Implementierung. Nach Modellierung der Geschäftsprozesse auf fachkonzeptioneller Ebene werden die Modelle auf die Schicht des DV-Konzeptes und anschließend auf die Implementierungsschicht transformiert. Somit erfolgt die Erstellung des IT-Systems anhand der Prozessstruktur des Unternehmens und nicht umgekehrt. Die Unterstützung von SOA wird auf der Implementation Platform durch den SOA Architect abgebildet. Nach Identifikation von Services zur Automatisierung fachlicher Aktivitäten mit Hilfe des Service Browsers werden automatisch ausführbare BPEL-Prozesse generiert. BPEL steht für Business Process Execution Language und ist eine Sprache, zur Komposition, Orchestrierung und Koordination von web-services.[62] Zur Erstellung eines Datenbanksystems dient das modellierte ERM der Datensicht.

Im letzten Abschnitt des Kreislaufes folgt das Controlling. Die Erhebung von Kennzahlen, sowie das Reporting und Monitoring wird in der Controlling Platform durch den Process Performance Manager unterstützt. Er bietet Werkzeuge, um die laufenden Prozesse auf Zeit, Kosten, Qualität und Mengen zu bewerten und zu analysieren. Durch das integrierte Performance Dashboard erfolgt das Reporting der Monitoring-Ergebnisse in visualisierter Form, konfigurierbar auf die Informationsbedürfnisse des Empfängers. Zuletzt bietet ARIS als Methode zur Leistungssteigerung, allerdings im Bereich der Strategy Platform, ARIS Six Sigma an.

---

62 Vgl. Juric (2006), S. 5.

31

6 Zusammenfassung

Der Geschäftsprozessmanagement-Kreislauf bietet ein Vorgehensmodell, um Geschäftsprozessmanagement im Unternehmen einzuführen und fortlaufend anzuwenden. Durch den iterativen Durchlauf der vier Phasen ist ein permanentes Kontrollieren und Verbessern der betrieblichen Prozesse gewährleistet. Insbesondere die Ausrichtung der Organisation sowie der IT an die Geschäftsprozesse sorgt im Unternehmen für eine deutliche Steigerung der Effektivität und Effizienz. Geschäftsprozessmanagement ist also nicht als einmaliges Projekt zur Neuorganisation des Unternehmens zu verstehen, sondern sollte fortlaufend ausgeführt, kontrolliert und optimiert werden, um jegliches Verbesserungspotential ausnutzen zu können. ARIS bietet ein integriertes Konzept, mit dessen Werkzeugen die Methoden im Unternehmen umgesetzt und praktisch angewandt werden können. Durch ARIS können alle Bereiche des GPM unterstützt werden. Alleine durch reine Modellierung der Geschäftsprozesse fallen häufig schon viele Möglichkeiten zur Verbesserung auf. Anschließend gilt es, die modellierten Prozesse im Unternehmen und der IT zu implementieren und zu kontrollieren. Insofern sollte ARIS nicht als reines Modellierungswerkzeug, sondern als durchgängiges Werkzeug zur Optimierung des GPM verstanden werden. Die Modellierung bildet lediglich die Basis für das weitere Vorgehen zur Analyse, Optimierung und zur Kontrolle der Prozesse.

32

Literaturverzeichnis

Allweyer, Thomas (2005): Geschäftsprozessmanagement. Strategie, Entwurf, Implementierung, Controlling, 1. Auflage, W3L Verlag, Herdecke / Bochum

Becker, Jörg; Kugeler, Martin; Rosemann, Michael (2005): Prozessmanagement. Ein Leitfaden zur prozessorientierten Organisationsgestaltung, 5. Auflage, Springer-Verlag, Berlin Heidelberg

Becker, Jörg; Mathas, Christoph; Winkelmann, Axel (2009): Informatik im Fokus. Geschäftsprozessmanagement, 1. Auflage, Springer-Verlag, Berlin Heidelberg

Gadatsch, Andreas (2010): Grundkurs Geschäftsprozessmanagement. Methoden und Werkzeuge für die IT-Praxis: Eine Einführung für Studenten und Praktiker, 6. Auflage, Vieweg + Teubner / GWV Fachverlage, Wiesbaden

Gattermeyer, Wolfgang; Al-Ani, Ayad (2001): Change Management und Unternehmenserfolg. Grundlagen – Methoden – Praxisbeispiele, 2. Auflage, Betriebswirtschaftlicher Verlag Dr. Th. Gabler, Wiesbaden

IDS-Scheer AG (2010), ARIS Platform. Die führende Software für Geschäftsprozessmanagement, Zugriff auf:
http://www.ids-scheer.de/de/ARIS_ARIS_Platform/7796.html
(05.05.2010, 13:43 Uhr)

Juric, Matjaz B. (2006): Business Process Execution Language for Web Services. An architect and developer's guide to orchestrating web services and using BPEL4WS, 2. Auflage, Packt Publishing, Birminghan

Lehmann, Frank R. (2008): Integrierte Prozessmodellierung mit ARIS, 1. Auflage, dpunkt.verlag, Heidelberg

33

Melzer, Ingo et al. (2010): Service-orientierte Architekturen mit Web Services. Konzepte – Standards – Praxis, 4. Auflage, Spektrum Akademischer Verlag, Heidelberg

Müller, Joachim (2005): Workflow-Based Integration, 1. Auflage, Springer-Verlag, Berlin Heidelberg

Nöllke, Matthias (2006): Kreativitätstechniken, 5. Auflage, Rudolf Haufe Verlag, Planegg

Rehmer, Detlef (2005): Einführen der Prozesskostenrechnung. Grundlagen, Methodik, Einführung und Anwendung der verursachungsgerechten Gemeinkostenzurechnung, 2. Auflage, Schäffer-Poeschel Verlag, Stuttgart

Scheer, August-Wilhelm (2001): ARIS – Modellierungsmethoden, Metamodelle, Anwendungen, 4. Auflage, Springer-Verlag, Heidelberg

Schierenbeck, Henner (2003): Grundzüge der Betriebswirtschaftslehre, 16. Auflage, Oldenbourg Wissenschaftsverlag, München

Schmelzer, Hermann J.; Sesselmann, Wolfgang (2008): Geschäftsprozessmanagement in der Praxis. Kunden zufrieden stellen, Produktivität steigern, Wert erhöhen, 6. Auflage, Carl Hanser Verlag, München

Schneider, Gabriel; Geiger, Ingrid Katharina; Scheuring, Johannes (2008): Prozess- u. Qualitätsmanagement. Grundlagen der Prozessgestaltunt und Qualitätsverbesserung mit zahlreichen Beispielen Repetitionsfragen und Antworten, 1. Auflage, Compendio Bildungszentrum, Zürich

Wagner, Karl W.; Patzak, Gerold (2007): Performande Excellence. Der Praxisleitfaden zum effektiven Prozessmanagement, 1. Auflage, Carl Hanser Verlag, München

34

Walter, Johann (2009): Geschäftsprozessmanagement umsetzen: Prozesse am Kunden orientieren, transparent und flexibel gestalten, 1. Auflage, Carl Hanser Verlag, München

www.ingramcontent.com/pod-product-compliance
Lightning Source LLC
La Vergne TN
LVHW042124070326
832902LV00036B/839

Dokument Nr. V161291
http://www.grin.com/
ISBN 978-3-640-74809-9